nomen

Für Paola, Indiana, Jack und Eve

Worte des »Ärmsten Präsidenten der Welt«

José »Pepe« Mujica

Herausgegeben von
Lucas Cervigni
(lucce)

nomen

Mehr über unsere Autoren und Bücher:
www.nomen-verlag.de

4. Auflage 2026

ISBN 978-3-939816-51-5

Nomen Verlag Joachim Schäfer,
Homburger Landstraße 105, 60435 Frankfurt am Main,
nomen@nomen-verlag.de

Originaltitel: »Mujica – Las Mejores Citas del
Presidente más Humilde del Mondo«

Umschlaggestaltung: BlazekGrafik, Frankfurt am Main
Satz: Nomen Verlag, Frankfurt am Main
Umschlagfoto: © Ma.ja.de.
Filmproduktions GmbH
Druck und Bindung: OOK-Press Kft., Ungarn, 8200 Veszprém Pápai út 37/A

Inhalt

Vorbemerkung zur 4. deutschen Auflage

Mit Uruguays Präsident José »Pepe« Mujica kam ich erstmals 2011 durch einen Artikel der Frankfurter Rundschau anlässlich seines Staatsbesuches in Deutschland in Berührung.

Im Verlauf dieses Staatsbesuches nahm er auch als Ehrengast an einem Galadiner der Hamburger Handelskammer mit Vertretern großer deutscher Unternehmen teil.

Als der FR-Journalist ihn mit den Regeln des Protokolls wie beispielsweise »Smoking / Uniform / Abendkleid« konfrontierte, entfuhr es dem Präsidenten: »Einen Smoking? Ich besitze nicht einmal eine Krawatte! Vielleicht lassen sie mich aber trotzdem rein«.

Diese Aussage und alles, was ich in dem Artikel über ihn erfuhr, beeindruckte mich sehr und weckte mein Interesse an diesem außergewöhnlichen Präsidenten.

*

2015 erschien der großartige Film »*PEPE MUJICA – Der Präsident*« der Regisseurin Heidi Specogna in spanischer Sprache mit deutschen Untertiteln (www.pepe-mujica.de).

2017 erschien das hier vorliegende Büchlein in englischer Sprache; daraufhin vereinbarte ich umgehend mit dem Herausgeber eine deutschsprachige Ausgabe für 2018.

Kurz vor dem Erscheinen der 1. Auflage dieses Buches hatte Emir Kustoricas neuester Dokumentarfilm *»EL PEPE – Una vida suprema«* am 3. September 2018 beim Internationalen Filmfestival von Venedig Premiere.

*

Die Bezeichnung »Der ärmste Präsident der Welt« – wie ihn die BBC und andere Medien nannten – hörte Mujica nicht so gern, da er selbst sich überhaupt nicht als »arm« empfand. »Arm« zu sein, bedeutete für ihn nicht, kein Geld oder kein Vermögen zu besitzen, sondern nicht »glücklich« zu sein.

An den zitierten Kommentaren und den Beschreibungen seines Lebens und seiner Politik im hier vorliegenden Buch wird deutlich, warum es Pepe Mujica aufgrund seiner Ehrlichkeit und seinem bescheidenen Lebensstil gelungen ist, der Politikverdrossenheit entgegenzuwirken: Indem er als Politiker im ständigen persönlichen Kontakt mit den Menschen des von ihm regierten Landes diese und ihre Bedürfnisse ernst nahm und in den Vordergrund stellte.

Eine Woche vor seinem 90. Geburtstag am 13. Mai 2025 ist dieser unbeugsame Kämpfer und Menschenfreund abgetreten. Seine Bescheidenheit sollte den Menschen und besonders den Eliten in allen Ländern unserer Erde als Beispiel dienen.

Joachim Schäfer *im Dezember 2025*

Einleitung

Hier zunächst einige wichtige Fakten über José Mujica und seine Zeit als 40. Präsident von Uruguay von 2010 bis 2015:

1. Mujica **verweigerte sich allem Pomp und Luxus** des Präsidentenpalastes; stattdessen wohnte er mit seiner Frau weiterhin in seinem kleinen Bauernhaus mit zwei Zimmern und fuhr seinen geliebten alten VW-Käfer. In Bezug auf seine Gefängniszeit pflegte er zu sagen: *»Es gab Jahre, in denen ich froh gewesen wäre, auch nur eine Matratze zu haben.«*

2. Er setzte sich für die **Legalisierung von Marihuana** in Uruguay ein, um das Problem des illegalen

Drogenhandels in den Griff zu bekommen: *»Es gibt kein Land, wo die Unterdrückung des Drogenkonsums die gewünschten Ergebnisse brachte. Daher ist es jetzt an der Zeit, einen neuen Weg auszuprobieren.«*

3. Er erreichte, dass Uruguay nach Argentinien das zweite südamerikanische Land wurde, das die **Homo-Ehe legalisierte**: *»Sie nicht zu legalisieren, hieße Menschen unnötig zu quälen.«*

4. Mujica kämpfte auf internationaler Ebene dafür, dass die Politik **der Umwelt den Vorrang gibt** vor unnötigem Konsum: *»Heute kann man fast alles recyceln. Wenn wir alle Ressourcen, die uns zur Verfügung*

stehen, intelligent nutzen würden, hätten alle sieben Milliarden Menschen auf der Erde genug zum Leben. Die globale Politik muss sich in diese Richtung bewegen.«

5. Mujica konzentrierte sich auf die **Umverteilung des Reichtums** in Uruguay und nahm für sich in Anspruch, den Anteil der Armen von 37 auf 11 Prozent reduziert zu haben: *»Die Unternehmen wollen ihre Profite steigern; die Regierung hat dafür zu sorgen, dass sie genug von ihren Profiten verteilen, damit die Arbeiter sich die Produkte, die sie selbst herstellen, kaufen können«*, erklärte er gegenüber Geschäftsleuten vor der US-Handelskammer. *»Es ist schließlich kein Geheimnis:*

Je weniger Armut es gibt, umso mehr Handel gibt es.«

6. Er war **gegen Krieg und Militarismus**: *»Ich glaubte einmal, dass es gerechte und ehrenwerte Kriege gibt; aber das glaube ich heute nicht mehr«*, sagte der frühere bewaffnete Guerillakämpfer. *»Heute bin ich der Meinung, dass uns nur Verhandlungen Lösungen bringen können. Jede schlechte Verhandlung ist besser als der beste Krieg, und die einzige Möglichkeit zur Friedenssicherung ist die Pflege der Toleranz.«*

7. Er **kämpfte gegen Wirtschaftsverbrechen**, darunter seinen weltberühmten Kampf gegen den Tabakgiganten Philipp Morris.

8. Er erkämpfte **Südamerikas liberalstes Abtreibungsrecht**.

9. Mujica **liebt seine dreibeinige Hündin** Manuela.

Schon diese kurze Aufzählung zeigt, dass José Mujica ein außergewöhnlicher Philosoph und gleichzeitig ein Pragmatiker ist. Die Zitate in diesem Buch zeigen auch seine außerordentliche Redegewandtheit. Die nachfolgende Sammlung von Kommentaren – manche kurz und pathetisch, andere überzeugend und eindringlich – ermöglicht ein Verständnis des Menschen Mujica, seiner Gefühle und seines Denkens sowie der Erlebnisse, die ihn prägten.

Weithin bekannt als Politiker, dessen Denken stark durch seine

Zeit als Freiheitskämpfer und politischer Gefangener geformt wurde, richten sich Mujicas Aussagen an ein weltweites Publikum statt nur an die etwa 3,5 Millionen Einwohner seines Heimatlandes. Indem er gelegentlich die traditionelle Polarisierung von linker und rechter Politik zu überwinden versucht, redet er einem Führungstyp das Wort, der sich für alle Menschen auf der Erde einsetzt.

Mujica hasst eine rein ökonomische Globalisierung – das heißt die Stärkung der Großkonzerne nach kapitalistischer Manier auf Kosten der Menschen – und er setzt sich enthusiastisch für eine soziale Globalisierung ein, für eine Welt, in der keine Ungleichheit mehr akzeptiert wird. Falls sich in Mujicas Zitaten Widersprüche finden, sind sie lediglich Ausdruck eines Menschen, der sich mit allen Aspekten komplexer Probleme auseinandersetzt und der einem breiten Publikum wieder den gesunden Menschenverstand nahebringen will, der nötig ist, um Lösungen für diese Probleme zu finden.

Mujica über Mujica

Man stelle sich José Mujica vor, wie er auf einer Gartenbank sitzt (so kann man ihn in vielen Videos sehen). Ein freundlicher Großvater mit dichtem weißem Haar, der schlichte Arbeitshosen trägt. Sein dicker Bauch ruht bequem über seinen Hosen, und seine breiten Schultern sind leicht nach unten gekrümmt, während er sich nach vorne beugt, um seine langsamen, wohlüberlegten Ausführungen zu machen – bedächtig, nachdenklich, voller Ironie. ...

Mujica macht tiefsinnige Bemerkungen, die, auf Papier niedergeschrieben, wie eingeübt erscheinen, die aber im Gespräch spontan und unmittelbar herüberkommen. Videoaufnahmen von Mujica zeigen ihn nie mit einem breiten Grinsen; aber seine Augen und seine Stimme deuten einen provozierenden und ironischen Humor an, der einen dazu zwingt, noch einmal über das nachzudenken, was er gerade gesagt hat.

Er ist ein bescheidener Mensch, aber er kennt die Macht der Kommunikation und seiner eigenen besonderen Ausstrahlung.

Über den Menschen Mujica

»Ich bin nicht arm, ich bin nur vernünftig; ich reise immer mit wenig Gepäck, nur mit dem Allernötigsten, damit materielle Dinge mir nicht meine Freiheit rauben.«

»Ich kann falsch liegen und ich liege oft falsch, aber ich rede genauso, wie ich denke.«

»Ich bin oft wütend, ärgere mich und rede Unsinn, aber ich kann niemand hassen. ... Wir müssen andere respektieren, besonders dann, wenn diese uns sehr verletzen.«

»Ich verbrachte 14 Jahre im Gefängnis, aber bereits zwei Jahre nach meiner Freilassung führte ich Wahlkampf.«

»Ich bin ein sturer Mann vom Land. Ich denke nicht in ökonomischen Begriffen. Aber ich liege im Streit mit der Kultur, in der ich lebe.«

»Meine einzige Leistung besteht darin, dass ich teilweise ein Baske bin: hartnäckig, eigensinnig und beständig. Aber dass ich im Gefängnis war, lag nur daran, dass sie mich fingen, weil ich langsam war.«

»Ich bin nicht zum Helden berufen. Aber in mir brennt ein Feuer, das mich dazu veranlasst, für die Familien und gegen Klassenunterschiede zu kämpfen. Denn ich weiß, dass die Menschheit zu mehr als 90 Prozent ihrer Geschichte in Familien und kleinen, geschwisterlichen

Sippen gelebt hat.«

»Ich fühle mich der Jugend zugehörig, die sich begeistert für einen Wandel einsetzt.«

»Meine Frau und ich hatten keine Kinder. Wir waren lange Zeit als Straßenkämpfer unterwegs und landeten schließlich im Gefängnis. Als wir dann ein ruhigeres Leben führten und Kinder wollten, spielte die Natur nicht mehr mit.«

»Da wir selbst keine Kinder haben, möchten wir, dass unser Haus auf dem Land später in eine landwirtschaftliche Berufsschule umgewandelt wird. Allein deswegen in Erinnerung zu bleiben, ist mehr, als man sich erhoffen kann.«

»Manche Menschen denken, dass [mein Lebensstil] lediglich Politmarketing ist. Aber ich lebe bereits seit 40 Jahren so. Ich denke, das wäre eine verdammt lange Zeit für Politmarketing. Aber die Menschen sind heutzutage sehr argwöhnisch, da sich zu viele Gauner unter uns Politikern herumtreiben.«

»Wenn ich viele Dinge besäße, müsste ich mir dauernd Sorgen um sie machen. Echte Freiheit liegt darin, so wenig wie möglich zu konsumieren. Diese zehn Prozent meines Präsidentengehalts sind völlig ausreichend und sollten es ebenfalls für andere sein. Denn viele Menschen müssen mit viel weniger auskommen.«

»Das Leben hat mir oft Niederschläge versetzt. Aber ich bin immer wieder aufgestanden. Es gibt viele bittere Niederlagen im Leben, aber es gibt immer wieder ein Rückspiel. Entscheidend ist, dass man ausdauernd ist und Rückschläge verdauen kann.«

»Ich gehöre zu einer Generation, die die Welt verändern wollte. Ich wurde oft gebrochen, besiegt und mürbe gemacht; aber ich habe immer noch den Traum, dass es einen Sinn macht, dafür zu kämpfen, dass alle Menschen ein besseres Leben führen und mehr Bewusstsein für Ungleichheit entwickeln können.«

»Ich werfe keinen Blick zurück, denn das reale ›Heute‹ wurde aus der Asche der Vergangenheit geboren. ... Ich lebe nicht, um eine Bezahlung zu erhalten oder Erinnerungen zu sammeln. Vielmehr mache ich mir Sorgen um eine Zukunft, die ich selbst nicht mehr erleben werde, der gegenüber ich mich aber dennoch verantwortlich fühle.«

»Ja, ich bin müde; aber ich werde nicht eher ruhen, als bis ich in einem Sarg weggetragen werde oder mich in einen senilen alten Mann verwandelt habe.«

Über den Präsidenten Mujica

Bescheidenheit

»Ich lebe noch genauso, wie ich gelebt habe, bevor ich Präsident wurde, bevor ich Minister wurde und bevor ich Kongressabgeordneter wurde; nur mit dem, was ich unbedingt benötige.«

»Ich spende 90 Prozent meines Präsidentengehaltes dem Wohnungsprogramm für die Armen, einen kleinen Teil meiner Partei, und ich spare den Rest für den Notfall. Wir beide leben vom Kongressabgeordneten-Gehalt [meiner Frau].«

»Ich fahre ein 30 Jahre altes Auto, das nie kaputtgeht und für das keine Steuern mehr bezahlt werden müssen. Ich bin über 80; weshalb soll ich da ein Auto benutzen, das 200 Stundenkilometer fährt? Das ist gefährlich. Mit so einem Auto will ein 80-Jähriger eher angeben als fahren.«

»Ich erscheine schon etwas exotisch in dieser Welt. Ich kam mit einem Motorrad ins Parlament und war der erste, der keinen Schlips trug. Jetzt haben fast alle in unserem Parlament ihren Schlips abgenommen.«

»Was erregt so sehr die Neugier der Welt? Dass ich so wenig besitze? Dass ich in einem einfachen Haus wohne und ein altes Auto fahre? Ist das alles? Wenn sich die Menschen schon über das Normale wundern, dann ist die Welt krank.«

Verantwortung

»Ich trage die Last der unterworfenen Naturvölker und dessen, was der Kolonialismus auf den Falklandinseln übriggelassen hat.«

»Ich trage die Last der Folgen der elektronischen Überwachung, die alle zwischenmenschlichen Beziehungen mit Misstrauen vergiftet.«

»Ich trage die Last einer großen Verpflichtung gegenüber der Gesellschaft und der Umwelt mit der Verpflichtung, den Amazonas und die wunderbaren Flüsse und Seen zu beschützen.«

»Ich trage die Last der ständigen

Verpflichtung, für mehr Toleranz zu kämpfen.«

»Ich bin ein Mann des Südens und als solcher trage ich natürlich die Bürde von Millionen meiner armen Mitmenschen aus den Städten, in der Heide, im Urwald, in der Pampa, in den Tälern und Bergen Lateinamerikas, unserer gemeinsamen Heimat.«

Status

»›... wenn du Gäste in deinem Haus empfängst und selbst sehr einfach gekleidet bist, dann kannst du schon verstehen, dass andere Präsidenten sich nicht so verhalten, oder nicht?‹ – ›... natürlich verstehe ich das, aber das ist ihr Fehler, nicht meiner. Wen vertreten sie denn?‹«

»Ich empfange Staatsgäste nicht in meinem Präsidenten-Bungalow, sondern in meinem kleinen Haus, wo auch meine Hunde und meine Frau leben. Wo ich schon vor meinem politischen Amt gewohnt habe. Andere Präsidenten tragen Kronen auf ihrem Kopf und brauchen rote Teppiche und Diener. Nun ja, gut für sie. Wenn sie einen Tee möchten, rufen sie nach jemandem. Ich stehe auf und bereite ihn mir selbst zu. Wenn die anderen so etwas brauchen, ist das ihre Sache; ich kritisiere sie nicht, aber das ist nicht die Art, wie ich lebe. Das hat nichts mit dem zu tun, wie die normalen Menschen leben. Die meisten haben keine Diener, warum soll ich also welche haben?«

»Bei mir zuhause gibt es nur zwei Polizisten. Einige Präsidenten haben ein ganzes Security-Team um sich herum; aber das ist wie eine Mauer, die einen gegen die normalen Menschen abschirmt.«

»Als ich nach Deutschland reiste und mein Besuch zur Staatsangelegenheit erklärt wurde, bekam ich ein gepanzertes Auto und eine Eskorte von 50 Polizisten. Ich brauchte das nicht, aber das war eine Entscheidung der deutschen Regierung und ich respektierte sie, da ich auch meine Präsidentensymbole habe. Ich habe einen Präsidenten-Bungalow mit 40 Dienern, die alle überflüssig sind, weil der Präsident ja nicht dort wohnt. Für diese müssen wir 40 Gehälter zahlen, mit denen man zwei Schulen finanzieren könnte.«

»Ich werde nicht vorschlagen, den Präsidentenpalast zu verkaufen, weil man mich dann in diesem Land umbringen würde. Ich denke, dass Institutionen und Protokolle wichtig sind, um die erworbenen Rechte, Traditionen und Identitäten der Nationen zu schützen. Noch wichtiger: Sie sind geeignet, um die Regierenden am Machtmissbrauch zu hindern. Aber diese Dinge können auch zu Übertreibungen beim Protokoll führen, wodurch die ursprünglichen Motive aus dem Auge verloren werden.«

Reflexionen über Ziele und Ergebnisse

»Wir werden während der fünf Jahre meiner Präsidentschaft beweisen, dass wir als Gesellschaft etwas bewirken können, indem wir Solidarität auf die intelligenteste und disziplinierteste Weise ausüben.«

»Ich habe es nicht geschafft, meine ganze Agenda zu vollenden; ich habe nur ein paar Dinge zu Ende bringen können. Mehr erlaubten das kapitalistische System und die Interessen der großen Kapitalgruppen in meinem Land nicht, die, damit sie noch mehr Macht erlangen, das ganze Justizsystem in ihrem Sinne geformt haben.«

»Sehr oft fühlt sich ein Präsident einsam. Ich fühlte mich einsam, als ich versuchte, das Bildungssystem zu reformieren. Ich wollte allen Gruppen meines Landes gerecht werden, habe das jedoch nicht geschafft. Gegenwärtig haben wir ein zentrales System, in dem die Schüler in den Städten das Gleiche lernen wie die Schüler auf dem Land. Das führt aber zu Ungleichheit, da wir nicht alle unter den gleichen Bedingungen geboren sind. Keiner ist besser als die anderen, aber das bedeutet nicht, dass wir alle die gleichen Bedürfnisse haben. Menschen aus dem ländlichen Raum sollten auch in Dingen unterrichtet werden, die für sie in ihrer Gegend nützlich sind.«

Über die menschliche Natur

»Die heutige Menschheit kann nicht vernünftig miteinander umgehen und in Frieden leben, da die einzelnen Menschen ja schon weitgehend unvernünftig handeln.«

»Es braucht Toleranz gegenüber denen, die anderer Meinung sind, nicht gegenüber jenen, die zustimmen.«

»Lasst euch eure innere Jugend nicht stehlen, denn die Zeit nimmt euch zwangsläufig die äußere. Aber wir haben – in unserem Inneren – eine Jugend, für die wir kämpfen können und diese ist verbunden mit einer sehr einfachen und sehr unbedeutenden Idee: der Solidarität gegenüber der menschlichen Natur.«

*

»Es scheint so, als wären wir nur deshalb geboren, damit wir konsumieren. Und wenn uns das nicht gelingt, sind wir traurig und fühlen uns ausgeschlossen.«

»Persönliche Gier hat weitgehend über die Gier der menschlichen Spezies triumphiert.«

»Heutzutage stehen wir vor einem Dilemma: Jeder einzelne muss stark und selbstbeherrscht auftreten, damit ihn die Kräfte, die unsere Zivilisation geschaffen hat, nicht zugrunde richten.«

*

»Unsere Aussichten versprechen ein Leben aus Müll und Verschwendung, welches die Zukunftschancen für die Natur und die Menschheit immer weiter reduziert.«

»Es wird immer gebräuchlicher, die Natur zu zerstören, und das gefährdet die Zukunft der menschlichen Zivilisation.«

»Die Wasserkrise und die Angriffe auf die Natur sind nicht die Ursache; die Ursache ist das Wirtschaftssystem, das wir geschaffen haben, und der daraus folgende Lebensstil.«

»Was einige die ›ökologische Krise des Planeten‹ nennen, ist die Konsequenz eines überwältigenden Triumphes des Ehrgeizes der Menschen. Es ist unser Triumph, aber gleichzeitig unsere Niederlage.«

»Kriege wird es ebenso lange geben wie die Borniertheit, sicherlich, bis die Natur uns zu sich ruft und das Weiterbestehen unserer Zivilisation unmöglich macht.«

*

»Der Sinn unseres Lebens besteht nicht darin, in der Rückschau zu verweilen. Ich denke, dass der Mensch lernen muss, seine Wunden zu heilen und vorwärts zu gehen, denn man kann sich nicht von unvollendeten Aufgaben beherrschen lassen. Es ist zwar wichtig, nicht zu vergessen, aber man muss auch nach vorne schauen. Man kann nicht von Erinnerungen leben. Es ist wichtig, die Vergangenheit zu reflektieren, aber es ist genauso wichtig, etwas Respekt für sie zu verlieren.«

»Ein weltweiter Neokeynesianismus, der auf die Abschaffung der Defizite dieser Welt zielt, wäre tausendmal profitabler als alle Kriege.«

*

»Wir sollten niemals vergessen, dass das Leben ein Wunder darstellt und dass nichts wichtiger ist als das Leben! Unsere biologischen Pflichten kommen zuerst. Wir müssen das Leben schützen, es fördern und verstehen, dass die menschliche Spezies unser ›Wir‹ darstellt.«

»Es lohnt sich, intensiv zu leben, auch wenn man ein, zwei, drei oder zwanzig Mal hinfällt. Aber man sollte immer daran denken, dass man wieder aufstehen und neu anfangen kann. ... Besiegt sind nur die, die aufgehört haben zu kämpfen. Tot sind nur die, die nicht mehr für das Leben kämpfen.«

»Glück gibt dem Leben eine Bedeutung und eine Richtung, aber man darf es sich nicht stehlen lassen. Dafür gibt es kein anderes Rezept außer aufzupassen.«

Über Politik und Wirtschaft

Mujica hatte eine natürliche Verachtung für die korrupten und eigennützigen Sphären der modernen Politik. Anstatt nach Ruhm und Bereicherung zu streben, nutzte er seine Position, um die hässlichen Seiten der Politik und der Politiker aufzuzeigen und dazu beizutragen, eine sauberere und transparentere Rolle der heutigen Politiker als ehrliche Mitarbeiter bei der Schaffung einer besseren Welt zu definieren.

Über Politik und Politiker

»Diejenigen, die das Geld lieben, sollten von der Politik ferngehalten werden. Denn sie sind gefährlich.«

»Wir Politiker sollten wie die Mehrheit leben, nicht wie eine Minderheit.«

»Politik ist der Kampf für das Glück aller.«

»Regieren bedeutet auch, durch Überzeugung Widerstände abzubauen.«

»Politik muss fliegen wie Rebhühner, schnell und über kurze Strecken. Aber in der heutigen globalisierten Welt brauchen wir eine langfristig orientierte Politik.«

»Ich bevorzuge einen langsameren Weg, weniger spektakulär, dafür selbstbestimmter. Ich bin ein Feind jeglicher Bürokratie; ich misstraue einem Staat, der die Initiative der Menschen blockiert, wenn diese zu stark wird.«

*

»Ich bin ein Anhänger der Transparenz, aber die Menschen sind nicht aus Plastik. Die Korruption liegt in der Natur des Menschen. Deshalb glaube ich, dass wir langfristig angelegte politische Strömungen schaffen müssen, die ihre Vertreter nicht nach materiellen, sondern nach moralischen Erfolgen wählen.«

»Eine gesunde Gesellschaft verlangt, dass die Mehrzahl ihrer politischen Führer ethische und moralische Überzeugungen hat. Wenn sie dann auch noch effizient arbeiten, umso besser. Aber einige Dinge sind unverzichtbar: Niemand sollte in die Politik gehen, um Geschäfte zu machen oder ein besseres Leben zu führen; sondern um Lösungen für die Bedürfnisse der Menschen zu finden.«

*

»Die Aufgabe der politischen Parteien ist es, hervorragende Führer zu wählen und sie dabei zu unterstützen, den gegenwärtigen Zustand zu überwinden und die Geschichte der Menschheit zum Guten zu verändern.«

»Man kann aber nicht erwarten, dass alle Menschen so denken. Daher muss man die Schwächen der Menschen verstehen und immer berücksichtigen, wenn diese einen politischen Nachfolger wählen.«

*

»Das Präsidentenamt ähnelt einem Selbstbedienungsladen. Jedoch müssen wir als Präsidenten versuchen, wie die Mehrheit der Menschen zu leben und nicht wie die Minderheit.«

»Der Lebensstil der verschiedenen Regierungen entfremdet sie so weit von den Menschen, dass letztere sie nur noch verachten.«

»Die besten politischen Führer

sind diejenigen, die nach ihrer Amtszeit ein Team hinterlassen, das noch viel besser ist. Der Kampf für die Zurückeroberung eines gesellschaftlichen Wohlstandes wird Generationen dauern.«

»Politiker zu sein bedeutet, Entscheidungen zu treffen, die die Situation verbessern. Aber man kann nicht auf beiden Seiten stehen. Man kann entweder auf der Seite der Minderheit oder der Mehrheit stehen. Es gibt keinen Platz in der Mitte.«

»Die erste Voraussetzung für einen Politiker ist intellektuelle Aufrichtigkeit; ohne diese kann auch der Rest nicht gut sein. Auf lange Sicht gibt es keine bessere Sprache als die der Wahrheit.«

»Wenn wir versagen, dann versagen wir; damit müssen wir klarkommen. Wir Politiker müssen die Menschen darüber informieren, was erfolgreich war und was nicht, damit alle daraus lernen können.«

»Politik ist kein Hobby, aber auch kein Beruf, von dem man lebt; sie ist eine Leidenschaft und ein Traum, um eine bessere Zukunft für die Gesellschaft zu schaffen. Diejenigen, die Geld lieben, sollten sich von der Politik fernhalten.«

Über die Staaten

»Im Westen wurden die Staaten geschaffen, um sicherzustellen, dass alle Menschen gleich sind; dass ihre Regierungen die Vertreter des Gemeinwohls, der Gerechtigkeit und Gleichheit sind. Stattdessen sind sie oft deformiert und werden von den normalen Menschen ignoriert.«

»Die Staaten verdanken ihre Entstehung der Mehrheit und dem Kampf für die Interessen der Mehrheit, nicht den Feudalsystemen, die es immer noch unter uns gibt, oder einer Klassenherrschaft.«

»Eigentlich sollten die Armen und Ausgeschlossenen im Zentrum staatlicher Bemühungen stehen.«

»Auch heute schaffen wir noch Unterschiede: Hierarchien, soziale Klassen sowie Wirtschaftsgruppen mit exklusiven Interessen, feudalen Privilegien und großem Reichtum.«

Über Politik und Wirtschaft

»Das größte Problem der heutigen Politik ist, dass die dominierenden Wirtschaftsinteressen sich zu sehr in die Politik einmischen. Das führt dazu, dass die Menschen den Politikern misstrauen. Und mit der Zeit verliert die Grundlage der Demokratie, der repräsentative Prozess, seine Glaubwürdigkeit. Das Ziel dieser Kräfte ist, den Menschen den Glauben an die Bedeutung der politischen Prozesse zu nehmen, damit sie tun können, was sie wollen. Und die Mehrheit der Menschen leitet daraus ab, dass alle Politiker gleichermaßen von den Wirtschaftsinteressen beeinflusst werden, was jedoch nicht ganz richtig ist.«

»Die Politik hat dem Markt und der Wirtschaft erlaubt, ihre Wurzeln zu untergraben. Nun versucht sie fassungslos, die Kontrolle wiederzugewinnen.«

»Europa krankt an einer Wirtschaftskrise, die auch die Politik erfasst hat. Die Krise hat einen Zustand herbeigeführt, dem sie jetzt hilflos gegenübersteht. Die Ereignisse herrschen über die Menschen statt umgekehrt.«

*

»Heutzutage werden Innovationen in der Wirtschaft in erster Linie dazu benutzt, um Dinge zu verändern, die nicht verändert werden sollten.«

»Wir haben Männer und Frauen gesehen, die nicht käuflich waren und die in der Lage waren, ihr Leben für den Traum von einer besseren Welt zu opfern. Es ist die Aufgabe aller politischen Parteien, solche Menschen zu finden.«

*

»Wir verschleudern weltweit zwei Millionen Dollar pro Minute für Rüstungsausgaben. Wer behauptet, dass kein Geld da ist, hat kein Schamgefühl.«

Über Drogenpolitik

»Wir glauben, dass der Drogenhandel – nicht die Drogen selbst, sondern der Drogenhandel – die größte Plage ist, mit der wir in Lateinamerika zu kämpfen haben. Wir verteidigen keineswegs die Sucht, aber jede repressive Politik scheitert; wir haben das jahrzehntelang versucht, aber es scheitert. Deshalb sind wir der Meinung, dass wir den Markt austrocknen müssen, indem wir ihm die Grundlage entziehen.«

»Es ist zwar nicht optimal, Marihuana zu legalisieren, aber Menschen dem Drogenmarkt auszuliefern, ist schlimmer. Die einzige gesunde Sucht ist die Liebe.«

Über die Homo-Ehe

»Die Homo-Ehe ist älter als die Erde. Es gab Julius Caesar und Alexander den Großen. Man sagt, sie sei eine moderne Erfindung, aber sie ist älter als die Menschheit. Sie ist eine Realität. Sie existiert. Sie nicht zu legalisieren, hieße Menschen unnötig zu quälen.«

Über eine globale Perspektive

»Wir begrüßen die finanzielle und die technologische Integration. Was aber ist mit der Politik, die diese beherrschen und die globalen Probleme lösen soll? Anscheinend haben wir vergessen, dass wir globalisiert sind; denn, wenn es zur Politik kommt, denken wir immer noch als Einzelnationen, obwohl wir eine Spezies mit globalen Problemen sind.«

»Soziale Verbesserungen sind nicht zu sehen; sie werden weder in absehbarer Zeit noch aktuell angegangen. Sie stellen einen langen und mühevollen Prozess voller harter Arbeit, Fehler, weiser Entscheidungen sowie Einsatz und Opfern dar.«

»Heutzutage herrschen die Menschen nicht über die Kräfte, die sie freigesetzt haben; vielmehr herrschen diese Kräfte über die Menschen.«

Über Südamerika und die Welt im Ganzen

Mujica ist der Meinung, dass Uruguay und Südamerika von den wirtschaftlich weiter entwickelten Nationen lernen, andererseits aber diesen auch etwas beibringen können. Der Zwang zum Fortschritt und zur Anpassung an die Wirtschafts- und Konsumstandards des Westens ist für ihn jedoch eine große Gefahr. Weniger »entwickelt« zu sein, kann nach Mujica auch ein Vorteil sein, da dies einem Land erlaubt, aus den Fehlern des Westens zu lernen und da, wo es sinnvoll ist, einen anderen Weg einzuschlagen. Und umgekehrt könnte das den reicheren Ländern eine andere Richtung für die Wirtschafts- und Umweltprobleme des 21. Jahrhunderts aufzeigen.

Über den respektvollen Umgang mit der ganzen Welt

»Die südamerikanischen Bruderstaaten haben eine gewisse Form der Verständigung untereinander entwickelt. Trotz ihrer unterschiedlichen Auffassungen respektieren sich ihre politischen Führer gegenseitig und arbeiten an einem gemeinsamen Projekt. Das ist etwas, was wir pflegen müssen und was die gesamte Welt braucht.«

»Uruguay muss ein gastfreundliches Land sein, ein Zufluchtsort für Flüchtlinge aus der ganzen Welt.«

»Teilt den Armen der Welt mit, dass sie, wenn sie nicht mehr weiterwissen, in unser Land kommen können. ... Wir veranstalten keine Hetzjagden auf sie und unser Land hat noch viel Platz für viele Menschen.«

»Wir Südamerikaner müssen ein Reservoir der besten menschlichen Werte sein; ein Kontinent des Friedens, ohne Hass und Racheempfindungen; ein Kontinent der Gerechtigkeit und Solidarität, wo man gerne geboren wird und lebt.«

»Wir sind in jeder Hinsicht mit Europa verbunden: durch Kultur, Geschichte, Tradition, Zuneigung. Wenn aber Europa alle seine Türen gegenüber Südamerika verschließt, werden sich unsere Länder zwangsläufig andere Allianzen suchen.«

Über das Bemühen um mehr Respekt

»Heutzutage meinen die großen und wirtschaftlich hoch entwickelten Länder – aufgrund ihrer Technologie, ihrer Sozial- und Wirtschaftssysteme wie auch ihrer politischen Institutionen –, im Besitz der absoluten Wahrheit zu sein, und sie werden überheblich gegenüber allen anderen. Sie erwarten, dass jüngere Gesellschaften, die ein anderes Verständnis von Demokratie haben, ihr System übernehmen. Das ist gleichbedeutend damit, von einem unerfahrenen Teenager zu verlangen, sich wie ein Erwachsener zu benehmen, ohne ihm Zeit zum Heranwachsen zu geben. Man muss ihn fördern, nicht bestrafen.«

»Zwangsläufig erreichen diejenigen Länder, die Druck ausüben, nur, dass die jüngeren Länder ihre Führer fanatisch verehren anstatt sich für die Demokratie zu interessieren. Das ist eine Phase von jugendlichem Verhalten, das wir und auch andere Länder durchlebt haben. Aber jetzt wissen wir, dass Fanatismus nur fanatisches Verhalten hervorbringt.«

»Organisationen wie die UNO sind bürokratisch geworden infolge mangelnder Autorität und Unabhängigkeit. Unser Land ist ein Beispiel dafür. Uruguay besitzt die meisten UNO-Soldaten Südamerikas, aber wir sind ein kleines und schwaches Land. Daher können wir nur bedingt helfen, da wir nicht dort eingesetzt werden, wo das Geld verteilt wird und Entscheidungen getroffen werden.«

»Die Menschen in den Industrieländern haben all die Kriege und Gräueltaten vergessen, die sie im Laufe der Jahrhunderte erlebt haben. Aber jetzt haben sie – statt dankbar zu sein – Angst vor denjenigen, die sie jahrhundertelang kolonisiert und mit Waffengewalt arm gehalten haben. Statt die anderen zu unterstützen, verhalten sich diese Gesellschaften jedoch jetzt fremdenfeindlich.«

»Wir sind etwas träge und lieben die Arbeit nicht wirklich. ... Die Menschen bei uns sterben nicht an

Überarbeitung. Aber wir sind kein korruptes, sondern ein anständiges Land.«

Über Lernen und Entwicklung

»Wie viele Dinge glauben wir unbedingt zu brauchen, weil wir durch die Kultur eines exzessiven Konsumdenkens dazu erzogen wurden? Junge Länder wie wir brauchen mehr Ausgaben für Bildung, um das Wissen unserer Jugend zu erweitern und unseren Lehrern Auslandsstipendien zu finanzieren, damit sie neue Technologien entwickeln und erforschen können und dadurch die Produktivität unserer Wirtschaft steigern.«

»Junge Länder wie wir starren auf die schillernden Schaufenster der Industrieländer und wollen deren Sitten und Gebräuche übernehmen, obwohl unsere Prioritäten woanders liegen. Aber die kapitalistische Kultur will uns diese überstülpen; daraus resultiert ein sehr harter Kulturkampf.«

»Junge Länder wie wir müssen die Kultur des rücksichtslosen Konsumismus bekämpfen. Gleichzeitig müssen wir verstehen, dass niemand uns etwas schenkt.«

Ansichten über den Westen

»In Europa kommt wieder eine ultrarechte Politik gegen Immigranten auf; diese ist nicht nur rechts, sondern faschistisch. Und diese Gefahr entsteht im Herzen der entwickelten europäischen Gesellschaften. Wir müssen uns aus den Lehren der Vergangenheit ins Gedächtnis rufen, dass Toleranz und Respekt die Basis für jegliches Zusammenleben sind. Ansonsten wird die Erde unbewohnbar.«

»Europa war einst der Mittelpunkt der Zivilisation und erlebt jetzt den völligen Verlust derselben.«

»Eigentlich könnte Europa an der

Spitze der Entwicklung stehen; denn es hat eine große Zahl von intelligenten und gebildeten Menschen an den Universitäten und in der Wirtschaft, aber leider nicht in der Politik. Die Politiker Europas bevorzugen immer noch eine neokolonialistische Sprache und – was noch viel schlimmer ist – sie sind Hohlköpfe; denn sie verstehen einfach nicht, dass nun das Zeitalter der Globalisierung angebrochen ist.«

»Integration zeichnet sich nicht durch wachsende Märkte aus, sondern dadurch, dass man eine starke und respektierte Stimme in der Welt hat.«

Über Materialismus und Kapitalismus

In seinen Reden in Südamerika und anderen Kontinenten stellt Mujica hartnäckig die Frage nach dem Einfluss von Kapitalismus und Materialismus auf die Entwicklung der modernen Gesellschaft. Mujica erklärt, dass es unmöglich ist, dass alle noch nicht durchindustrialisierten Länder jemals »aufholen«, da es einfach nicht genügend Bodenschätze gibt; er redet über die Umweltzerstörung als eine Folge von Materialismus und grenzenlosem Konsum; und indem er den Verlust eines echten Gefühls für das Leben bedauert, fordert er uns alle auf, unser angeborenes Potential zum Glücklichsein wiederzuentdecken.

Über die materielle Welt

»Das ungeheure und vielfältige Angebot, das der Kapitalismus geschaffen hat, hat eine Kultur hervorgebracht, die uns alle beeinflusst. Diese Kultur ist stärker und weitreichender als jede Armee. Aber hütet euch vor dem Elend des Kapitalismus, das dazu führt, dass die Armen von heute auf Raten etwa ein Auto statt ein Haus kaufen oder einen moderneren Fernseher, statt das Dach ihres Hauses zu reparieren. Das gleiche machen ganze Länder. Statt das wirklich wichtige zu tun, vergeuden wir unsere wirtschaftlichen Kapazitäten und unsere Anstrengungen an einen grauenhaften Konsum, der unsere Einnahmen übersteigt.«

»Eine sinnlose Anhäufung von Gegenständen bedroht das einfache Leben, die Moral, das gesunde Maß, das klare Denken, den gesunden Menschenverstand und den Kreislauf der Natur.«

»Die Konsumkultur der reichen Länder will uns dazu bringen, genauso zu konsumieren wie diese, um glücklich zu sein. Diese Kultur können die weniger entwickelten Länder nicht übernehmen, da wir uns wie Teenager verhalten würden, die genau so viel verbrauchen möchten wie ihre Eltern. Dieses Verhalten ist eine Grundlage des Konsumismus, und wir wären politisch nicht in der Lage, das zu ändern. Aber wir müssen uns damit auseinandersetzen und eine verantwortungsvolle Ge-

genkultur entwickeln. Wir müssen selbst mehr erwirtschaften und, statt uns zu verschulden, nur so viel ausgeben, wie wir einnehmen.«

»Denken wir immer daran, dass die Anbeter des Konsumismus Sklaven des Wirtschaftssystems werden.«

»Wir sind Anhänger eines Systems, welches predigt, dass man nur dann glücklich ist, wenn man immer mehr Reichtum anhäuft.«

»Unsere Zivilisation will uns weismachen, dass wir alle unbegrenzt konsumieren und verschwenderisch leben können.«

»Wir zerstören wunderschöne Urwälder und betonieren sie dann.

Wir ersetzen einen ruhigen und bequemen Lebensstil durch Tretmühlen und bekämpfen dann unsere Schlaflosigkeit mit Tabletten. Wir bekämpfen die Einsamkeit mit elektronischen Geräten. Sind wir wirklich froh darüber, uns so weit von der menschlichen Natur entfernt zu haben?«

»Wie betäubt entfernen wir uns von der natürlichen Ordnung des Lebens; und wir ersetzen diese durch einen zweckgerichteten Konsumismus, der nur auf Anhäufung von Dingen und Geld ausgerichtet ist.«

»Im Jahr 2013 feierten sie in Kalifornien eine Wasserpumpe, die seit hundert Jahren ihren Dienst tat.

Hundert Jahre! Alles, was heutzutage hergestellt wird, ist nur Wegwerfmüll, der zu dem Zweck hergestellt wird, dass die Menschen kaufen und kaufen.«

Über das Konsumdenken

»Die Arbeiter haben lange für den Achtstundentag gekämpft. Und heutzutage arbeiten manche sogar nur sechs Stunden. Aber nach ihrer Arbeit arbeiten sie noch woanders und arbeiten so noch mehr als vorher. Und wofür? Damit sie die Raten für ihre Kredite bezahlen können, mit denen sie eine Unmenge unnötiger Dinge kaufen. Wenn sie das dann merken, sind sie 80 Jahre alt und ihr Leben ist an ihnen vorübergezogen. Ist das denn der Sinn der menschlichen Existenz?«

»Wir wurden nur geboren, um zu konsumieren und zu konsumieren. Und wenn das für uns nicht möglich ist, sind wir Opfer von Frustration,

Armut und sozialer Ausgrenzung.«

»Wenn du etwas kaufst, dann unterliege keinem Denkfehler: Zwar kaufst du die Sachen mit Geld; aber in Wirklichkeit ist es deine Lebenszeit, die du vergeudet hast, um dieses Geld zu bekommen, und die du nie mehr wieder zurückbekommst. Wenn ich über einen einfachen Lebensstil spreche, meine ich damit, dass man seine Lebenszeit nicht für solche Dinge vergeuden soll, die man nicht braucht oder die bedeutungslos sind.«

»Wenn jemand sehr viel arbeiten möchte, um ein größeres Haus oder Auto zu kaufen, soll er ruhig arbeiten und arbeiten.«

»Ich bin ein Gegner des Konsumismus. In der heutigen Gesellschaft produzieren und konsumieren wir völlig unnötige Dinge und vergeuden dabei eine Menge Kraft für Dinge, die wenig mit der Natur des Menschen zu tun haben.«

»Die Mädchen und Jungen in unseren Städten gehen direkt von der Schulbank in Büros. Dort sitzen sie in einer kontrollierten Umgebung, mit einer lautlosen Klimaanlage, die den Eindruck erweckt, dass die Zeit stillsteht. Junge Menschen träumen von ihren Ferien und der Bezahlung ihrer Rechnungen, bis eines Tages ihr Herz still steht; und das war's dann.«

Über Kapitalismus und Markt

»Nach meiner Ansicht ist Korruption sowohl naturgegeben als auch schädlich. Der Schlüssel zur Entfesselung dieser Zivilisation, der Motor, der den Reichtum vermehrt, der Schlüssel, der diesen fantastischen materiellen, wissenschaftlichen und technologischen Fortschritt hervorgebracht hat, ist der Kapitalismus. Was für ein Widerspruch! Der Kapitalismus hat es geschafft, großen Reichtum bei gleichzeitiger großer Armut zu produzieren.«

»Der wirklich produktive Kapitalismus ist ein Gefangener der großen Banken, die letztendlich die Welt beherrschen.«

»Wenn wir den Kapitalismus wie eine Monstranz vor uns hertragen, ihn aber nicht aus ethischer und moralischer Sicht betrachten, können wir die Korruption nicht vermeiden. Da wir die menschliche Natur kennen, ist das eine logische Konsequenz; und wir können daher auch von Politikern nichts anderes erwarten.«

»Seit 1990 verdoppelt sich das internationale Handelsvolumen alle sechs Jahre, woran man deutlich das Fortschreiten der Globalisierung ablesen kann. Wir sind unfähig, auf die gewaltigen Veränderungen zu reagieren, die in den letzten Jahrzehnten stattgefunden haben; obwohl wir sie wahrnehmen, haben wir diesem Tempo der Globalisierung nichts entgegenzusetzen.«

»Wir haben die idealischen Götter des Wohlbefindens dem Gott des Marktes geopfert. Er organisiert unsere Wirtschaft, unsere Politik, unsere Lebensweise und er finanziert unser scheinbares Glück mit Raten und Kreditkarten.«

»Für alles existieren Marketingstrategien: für Friedhöfe, für Entbindungsheime, für Väter, für Mütter, für Großväter, für Autos und für Ferien. Alles ist zum Geschäft und zur Ware geworden.«

»Wenn wir glauben, dass der Markt die Ungleichheit beseitigt, werden wir schon bald vom Gegenteil überzeugt werden.«

»Es gibt genügend Beweise dafür, dass Marketingkampagnen bewusst auf Kinder und deren Hartnäckigkeit setzen, damit diese ihre Eltern beeinflussen und den Markt der Zukunft absichern.«

»Der Markt dient nicht den Menschen, sondern die Menschen dienen dem Markt. Das ist eine Bedrohung für die Freiheit, die Freizeit und das intellektuelle Wachstum eines jeden Menschen, für die zwischenmenschlichen Beziehungen, die Freundschaft, die Solidarität und die Familie. Nicht die Menschen sollten den Markt versorgen, sondern der Markt die Menschen.«

Über das Leben

»Wir müssen die Idee der Freiheit konkretisieren. Das heißt die individuelle Freiheit zurückgewinnen, wo jeder frei ist, über seine eigene Zeit zu verfügen und sein Leben nach seinen eigenen Vorstellungen zu gestalten. Ich liebe es beispielsweise, mit dem Traktor auf dem Feld herumzufahren, da ich mich als Bauer fühle; aber andere lieben Fußball, Autos, Tanzen oder Freundschaften. Wichtig ist nur, dass wir glücklicher werden und unser Leben reicher wird, je mehr Zeit wir für uns selbst zur Verfügung haben.«

»Ich habe 14 Jahre im Gefängnis verbracht. ... 13 davon in einer Einzelzelle. Ich habe Freundschaften mit Ratten und Ameisen geschlossen. Nachts gaben sie mir eine Matratze. Da habe ich gelernt, dass man, wenn man nicht mit wenigen Dingen glücklich sein kann, auch nicht mit vielen glücklich sein kann. Die Einsamkeit im Gefängnis hat mich dazu gebracht, viele Dinge wertzuschätzen. Wie wenig benötigt man doch zum Glücklichsein!«

»Wenn ich viele Dinge besäße, müsste ich auch auf sie aufpassen. Wahre Freiheit bedeutet, wenig zu konsumieren und zu besitzen.«

»Wirtschaftskriminalität, Steuerbetrug, Drogenhandel, Betrug und Korruption sind Plagen, die durch die von der heute herrschenden gesellschaftlichen Wertvorstellung gedeckt werden, die behauptet, dass wir umso glücklicher werden, je reicher wir werden.«

»Nicht der Mensch, der wenig besitzt, ist arm, sondern der, der immer mehr haben möchte.«

»Ich bin nicht arm, sondern bescheiden. Ich brauche nicht viel zum Leben.«

»Ich rede nicht gern über Sparsamkeit, da dies in Europa zu einem Negativbegriff [Sparkurs, Austeritätspolitik] geworden ist. Ich persönlich bin ein Verfechter eines bescheidenen Lebensstils.«

»Um zu leben, müssen wir arbeiten, nicht wahr? Und wenn wir nicht arbeiten, leben wir doch auf Kosten anderer; doch das Leben eines Parasiten ist nicht sehr ehrenhaft. Andererseits kann man nicht nur für die Arbeit leben, das versteht sich von selbst. Doch das Wunderbarste ist unser Leben selbst, aber das vernachlässigen wir am allermeisten, obwohl es am wichtigsten ist. Aber wir werden dazu verführt, es zu vergessen: durch unsere Kultur, durch die Umgebung und am allermeisten durch die Gewalt der Konsumgesellschaft. Und es scheint so, als müssten wir sterben, wenn wir nicht auf diesem Zug mitfahren.«

Über die eine Welt

Ein immer wiederkehrendes Thema in Mujicas Reden und Interviews sind zum einen seine eigene Vorstellung von einer einzigen Welt und zum anderen die Blindheit anderer Politiker gegenüber dieser einzigen Welt. Daraus resultiert nach seiner Meinung ein Großteil der Ungleichheit und der Umweltprobleme unserer Zeit.

Über die globale Ungleichheit

»Einige wenige Menschen müssten 230 Jahre leben und eine Million Dollar täglich ausgeben, um ihr ganzes angehäuftes Vermögen aufzubrauchen. Bei einer jährlichen Verzinsung von zwei Prozent müsste es mittlerweile sogar noch viel mehr sein und ihr Vermögen müsste ausreichen, um statt einer vier Millionen täglich auszugeben.«

»Für diese wenigen Personen sind die Zinsen das eigentliche Ziel des globalen Wirtschaftssystems.«

»Wir müssen das globale Wirtschaftssystem so verändern, dass es keine Produkte mit eingebautem Verfallsdatum mehr herstellt, sondern nur noch nützliche Produkte, und dass es dadurch auch den Wohlstand der Armen dieser Welt vermehrt.«

»Wir müssen verstehen, dass Armut nicht nur ein Problem Afrikas und Südamerikas, sondern der ganzen Menschheit ist. In der globalisierten Welt muss die Menschheit dafür arbeiten, dass jeder in Würde leben kann.«

»Die Menschheit hatte noch nie solche Möglichkeiten wie heutzutage. Wir leben heute vierzig Jahre länger als der Durchschnittsmensch vor 100 Jahren. Die Bevölkerung hat sich verdoppelt und gleichzeitig die Menge an Lebensmitteln; aber es gibt immer noch Hunger und wir werfen mehr als 30 Prozent aller produzierten Lebensmittel weg.«

»Es gab noch nie so viel Wissen. Und obwohl wir weltweit in vollem Bewusstsein zwei Millionen Dollar pro Minute in Rüstung investieren, gibt es welche, die behaupten, dass keine Ressourcen vorhanden sind, um die Armut zu beseitigen. Diese Leute haben kein Schamgefühl.«

»Während wir Geld für einen neuen Ferrari ausgeben, gibt es Menschen, die mit zwei Eimern fünf Kilometer laufen müssen, um Wasser zu finden. Ist das etwa Solidarität? Lasst uns endlich mit so etwas aufhören!«

»Die Führung der globalisierten Wirtschaft untersteht den privaten

Interessen von wenigen.«

»Diejenigen von uns, die besser leben, haben die Verantwortung, denen zu helfen, die schlechter leben.«

Über die globalen Ressourcen

»Heutzutage diskutieren wir bei der UNO über den Pigmentdruck, aber wir reden nicht darüber, dass wir drei Planeten zum Überleben brauchen, wenn alle Menschen genauso viel Ressourcen und Energie verbrauchen wie der Durchschnittsamerikaner.«

»Wir brauchen eine gemeinsame Agenda, um Wasser und Nahrungsmittel zu schützen und das Entstehen von neuen Wüsten zu verhindern. Wir brauchen eine internationale Solidarität.«

»Wenn es uns endlich gelingen würde, globale Vereinbarungen zur Friedenssicherung zu erzielen, dann hätten wir genügend Ressourcen, um die Ungerechtigkeiten und Zerstörungen auf unserem Planeten zu beenden.«

»Mit Hilfe von Arbeit, Bildung und Frieden könnten die Menschen die Wüsten ergrünen lassen, Gemüsesorten züchten, die sich von Salzwasser ernähren, und auch im Meer Landwirtschaft betreiben. Wir müssen alle unsere Anstrengungen auf das konzentrieren, was wichtig ist. Frieden und Stabilität sind möglich, wenn wir uns als Gemeinschaft und nicht als Einzelwesen sehen.«

»Eine nachhaltige Entwicklung der Menschheit muss sich auf das Glück und das Wohlbefinden konzentrieren und auf die Herstellung von Nahrungsmitteln, die alle ernähren und gleichzeitig die Umwelt bewahren.«

»Stattdessen propagieren wir ein Leben voller Müll und Verschwendung, das langfristig den Untergang der Natur und der Menschheit herbeiführt.«

»Ich empfinde keinen Stolz. Ich bin sehr traurig, dass mein Land eine Armutsquote von zehn Prozent und eine Quote extremer Armut von einem halben Prozent hat. Dabei sollte es weder Armut noch extreme Armut geben, denn die Natur hat uns mit großen Ressourcen ausgestattet.«

Über die globale Einheit

»Ist es überhaupt möglich, über Solidarität und das Zusammenleben auf einem gemeinsamen Planeten zu sprechen, wenn wir in einem Wirtschaftssystem leben, das von einer rücksichtslosen Konkurrenz geprägt ist?«

»Es ist an der Zeit, für eine Welt ohne Grenzen zu kämpfen.«

»Wir sind nicht in der Lage, die Globalisierung zu steuern, da wir nicht global denken.«

»Wir leben in einer Zeit der größten Umbrüche in der menschlichen Geschichte. Aber es gibt keine Führungselite mit einem ausgeprägten Bewusstsein und Instinkt für diese

Situation. Ganz zu schweigen von einer organisierten politischen Führung.«

»Die wichtigste Aufgabe heutzutage ist, das Ganze im Auge zu haben.«

»Die Krise der heutigen Zeit besteht im Unvermögen der Politiker, zu erkennen, dass die Menschheit keinen Nationalismus braucht.«

»Unsere Welt braucht nicht so viele internationale Organisationen, die lediglich den großen Hotelketten nutzen, sondern mehr Menschlichkeit und mehr Wissenschaft.«

»Heutzutage vegetieren die internationalen Organisationen einmütig im Schatten der Streitigkeiten der großen Nationen dahin, welche ihre Machtstellung nicht aufgeben wollen. Sie blockieren Institutionen wie die UNO und zerstören die Demokratie, wodurch auch das Vertrauen in dieses System schwindet.«

»Die Menschheit braucht eine jeden einzelnen Menschen repräsentierende Weltregierung, die sich für das Wohl der ganzen Menschheit und des ganzen Planeten einsetzt. Dafür braucht es politische Führer, die sich auf langfristige Probleme konzentrieren anstatt auf kurzfristige Wirtschaftsinteressen.«

»Wir durchlaufen eine Periode des Wandels, in der die alten nationalen Denkmuster überholt sind.«

»Während wir in vielen Ländern

nur daran denken, wer die nächste Wahl gewinnt, zeigen sich in anderen Ländern globale Probleme wie der Klimawandel. Wir müssen eine Weltregierung einrichten, die in der Lage ist, globale Entscheidungen zu treffen, und die so die weltweiten Herausforderungen angeht. Der Klimawandel kann nicht von einem einzelnen Land bewältigt werden. Es muss verbindliche internationale Vereinbarungen geben. Es geht jetzt nicht mehr nur um einzelne Länder; vielmehr geht es um den ganzen gemeinsamen Planeten.«

»Wir müssen anfangen als Gattung zu denken.«

»Die Welt, die sich ankündigt, ist eine von Superstaaten, die um ihre

Existenz kämpfen und alle anderen beherrschen wollen. Wird es uns gelingen, diesen Rückschritt zu überwinden?«

»Was nützt ein umweltfreundliches Verhalten in einem Zipfel der Erde, wenn das globale Wirtschaftssystem sich immer so weiter entwickelt wie bisher?«

»Die Globalisierung erfordert einen globalen Kulturwandel; die Geschichte verlangt das. Wenn wir keinen echten Kulturwandel herbeiführen, wird uns die Globalisierung beherrschen anstatt wir sie.«

Über die Gestaltung einer besseren Zukunft

Auch wenn Mujica immer wieder zurückschaut, um Lehren aus der Geschichte zu ziehen, so steht doch immer die Zukunft im Mittelpunkt seiner Überlegungen. Insbesondere glaubt er daran, dass man sich um die Jugend und um Wissenschaft und Bildung kümmern muss, um eine bessere Zukunft zu gestalten, die die Fehler von heute korrigiert und künftige vermeidet.

»Wenn du jung bist, musst du wissen, dass das Leben von Minute zu Minute dahinschwindet. Das Leben kann man nicht im Supermarkt kaufen. Kümmere dich um dein Leben und gib ihm einen Sinn. Du bist keine Pflanze, die wächst, einfach weil sie existiert. Du kannst deinem Leben einen Sinn geben oder es dadurch vergeuden, Ratenkredite abzuzahlen und irgendwelche Sachen zu kaufen.«

»Wenn du einen Traum hattest, für den du gekämpft hast, und diesen Traum auch an andere weitergeben willst, dann wird dieser Traum auch noch nach dir weiterleben und neue Generationen beflügeln.«

»Noch ein Rat an die Jugend:

Besiegt sind nur diejenigen, die aufhören zu kämpfen und aufgeben. Im Leben wirst du über alles Mögliche stolpern: in der Liebe, in der Arbeit und in deinen Träumen. Aber der Mensch ist stark geboren und er kann immer wieder aufstehen und neu beginnen. Wichtig ist nicht, ob man immer seine Ziele erreicht, sondern dass einem auch der Weg dorthin gefällt.«

*

»Die Welt schreit nach globalen Regeln, die die Errungenschaften der Wissenschaft respektieren, da die Wissenschaft nicht die Welt regiert.«

»Wir müssen uns mit dem bisherigen Elend auseinandersetzen und zusammen mit der Wissenschaft Lösungen dafür entwickeln – nicht nur, um Geld zu erwirtschaften, sondern auch, um die Menschheit voranzubringen.«

»Die Wissenschaftler sollten die wichtigsten Berater der Menschheit sein.«

»Politische Weisheit und Wissenschaft sollten die Welt regieren; eine Welt, die nicht nur nach Profiten giert, sondern ebenso in die Zukunft schaut und sich um Dinge kümmert, denen wir bisher keine Beachtung schenken.«

»Wie lange ist es schon her, dass wir in Kyoto Fakten hörten, die wir nicht sehen wollten? Die wir auch weiterhin nicht sehen wollen, weil eine dunkle Wolke der Umweltverschmutzung auf uns zukommt, die wir selbst verursachen und die wir dennoch nicht sehen wollen?«

»Am Anfang und am Ende von Bildung und Erziehung steht eine Entwicklung, die auch den Motor einer gerechten Gesellschaft verkörpern muss.«

Anhang 1:
Markante Zitate

»Man sollte immer so leben, wie man denkt, sonst denkt man so, wie man lebt.«

»Politik ist der Kampf für das Glück aller Menschen.«

»Ich bin sehr zufrieden mit der heutigen Situation. Allerdings habe ich Angst vor dem Übermorgen.«

»Der moderne Mensch ist dauernd in Eile, weil es katastrophal ist, wenn die Wirtschaft nicht ständig wächst.«

»Manche Dinge bekommen erst dann einen Wert für uns, wenn wir sie verlieren.«

»Freiheit bedeutet, soweit es uns nur möglich ist, das zu tun, was wir lieben.«

»Macht verändert nicht die Menschen, vielmehr zeigt sie ihren wahren Charakter.«

»Jammere nicht über das Unvermeidliche. Schau ihm ins Auge.«

»Ja, eine humanere Welt ist möglich. Aber vielleicht ist unsere wichtigste Aufgabe heute, zuerst einmal Menschenleben zu retten.«

»Der eigentliche Sinn des Lebens besteht nicht darin, etwas zu bekommen, sondern etwas zu geben. Egal, wie es dir geht, es gibt immer etwas, das du anderen geben kannst.«

»Die einzige Sucht ist die Liebe; alle anderen sind Plagen.«

»Gefängnisse sind Sprachlabore. Denn die Sprache verändert sich im

Untergrund der Erde.«

»Der Mensch ist ein sehr starkes Lebewesen und daher muss er sich auf sein Leben konzentrieren.«

»Ein langer Weg verkürzt eine Reise.«

»Niemand ist besser als andere. Deshalb sind Staaten immer der Mehrheit verpflichtet.«

»Manche Dinge werden erst dann wertvoll für uns, wenn wir sie verloren haben.«

»Ich stimme Bertolt Brecht nicht zu. Denn es gibt keine Menschen, auf die man verzichten kann, sondern nur Dinge, auf die man verzichten kann.«

»Jedermann ist ersetzbar.«

»Den Frieden trägt man in sich. Den Nobelpreis habe ich ja bereits. Diesen erhielt ich auf den Straßen meines Landes und durch die Umarmung meiner Landsleute auf den bescheidenen Bauernhöfen.«

»Um das Unmögliche zu erreichen, muss man sich mehr anstrengen; verlieren werden aber nur die, die sich zurücklehnen und aufgeben.«

»Besser zu leben bedeutet nicht, mehr zu haben, sondern glücklicher zu sein.«

»Alle bei der FIFA sind Scheißkerle.«

Anhang 2: Kurzbiografie

Baskische und italienische Abstammung

José Alberto »Pepe« Mujica Cordano stammt aus einer baskischen Familie, die ihren Ursprung in der Stadt Mujica im Golf von Biskaya hat. Als Sohn von Demetrio Mujica und Lucy Cordano wurde er am 20. Mai 1935 in der Nähe von Paso de la Arena in der uruguayischen Provinz Montevideo geboren. Sein Vater war ein bankrotter Kleinbauer, der 1940 starb, als José gerade sechs Jahre alt war.

Die Familie von Mujicas Mutter stammte aus der Nähe von Rapallo im italienischen Ligurien. Der Name Cordano stammt von Mujicas Großvater mütterlicherseits. Dieser

– ebenso wie sein Großvater väterlicherseits ein Anhänger der Nationalpartei – bekleidete mehrfach öffentliche Ämter und war ein Freund von Luis Alberto de Herrera.

Schulbildung und Jugend

Mujica selbst besuchte die Grundschule und das Gymnasium. Danach begann er ein Jurastudium, welches er jedoch frühzeitig abbrach, um sich der Politik zu widmen.

Vom dreizehnten bis zum siebzehnten Lebensjahr war Mujica ein leidenschaftlicher Radrennfahrer: er fuhr Rennen in allen Kategorien für verschiedene Radrennclubs.

Politische Karriere

1950er- bis 1960er-Jahre: Gründung der Vereinigten Volkspartei

Mujicas Onkel Angel Cordano – ein Bruder seiner Mutter – war ein Nationalist, der die politische Erziehung seines Neffen José stark beeinflusste. 1956 traf Mujica den nationalistischen Kongressabgeordneten Enrique Erro. Infolge dieser Begegnung wurde José Mujica Mitglied der Nationalpartei und bald Generalsekretär der Parteijugend.

Bei der Parlamentswahl im Jahr 1958 siegte zum ersten Mal der Herrerismus (eine von Luis Alberto de Herrera ins Leben gerufene wirtschaftsliberale Gruppierung innerhalb der Nationalpartei). Nun wurde

Mujica Staatssekretär des neuen Arbeitsministers Erro. 1962 verließen Erro und Mujica die Nationalpartei, um zusammen mit der sozialistischen Partei Uruguays und einer kleinen Gruppe namens »Nuevas Bases« (deutsch: »Neue Basis«) die Vereinigte Volkspartei zu gründen. Bei der Parlamentswahl im gleichen Jahr wurde Emilio Frugoni Präsident, jedoch unterlag der Kandidat der Vereinigten Volkspartei nur ganz knapp.

1970er-Jahre bis 1985: Mujica als Guerillakämpfer und politischer Gefangener

1967-1972 – in der Regierungszeit von Jorge Pacheco de Areco – nahm die politisch motivierte Gewalt zu.

Die Regierung setzte wiederholt die Ausnahmegesetze in Kraft, um den Guerillakrieg und auch die wachsende Opposition der Gewerkschaften gegen ihre Wirtschaftspolitik zu zerschlagen.

Während dieser Zeit wurde Mujica Mitglied der von der kubanischen Revolution beeinflussten Nationalen Befreiungsbewegung »Tupamaros« (MLN-T). Zusammen mit dieser Gruppe nahm er an einer Reihe von Guerillaaktionen teil, obwohl er gleichzeitig noch auf seinem Bauernhof arbeitete, bis er – infolge der Verfolgung durch die Polizei – in den Untergrund ging. Viermal wurde er verhaftet und zweimal brach er wieder aus dem Gefängnis von Punta Carretas aus. Insgesamt verbrachte Mujica fast fünfzehn Jahre im Gefängnis, davon die letzten dreizehn Jahre von 1972-1985.

Er war einer der Tupamaro-Führer, die von der Diktatur »als Geiseln genommen« wurden. Das bedeutete, man drohte mit ihrer Hinrichtung für den Fall, dass ihre Organisation den bewaffneten Kampf wieder aufnehmen würde. Weitere Geiseln waren Eleuterio Fernández Huidobro (während Mujicas Präsidentschaft Verteidigungsminister) sowie der Anführer und Gründer der Tupamaros, Raúl Sendic.

1985 bis 2005: Der Weg zur parlamentarischen Politik

Das am 8. März 1985 verabschiedete Gesetz Nr. 15.737 verkündete eine Amnestie für alle politischen, gewöhnlichen und Kriegsverbrechen, die seit dem 1. Januar 1962 begangen worden waren. Mujica war wieder ein freier Mann. 1989 – wenige Jahre nach der Rückkehr der Demokratie – gründete Mujica zusammen mit anderen Personen des MLN-T das »Movimiento de Participación Popular« (MPP) innerhalb der bestehenden »Frente Amplio« (deutsch: »Breite Front«), die ein breites Bündnis der Linksparteien Uruguays darstellte.

Bei den Parlamentswahlen von 2004 in Uruguay gewann Mujicas MPP mit mehr als 300.000 die meisten Stimmen, wodurch die MPP zur stärksten Kraft innerhalb der Frente-Amplio-Regierung wurde.

2005 bis 2008: Aktivitäten in der Regierung der »Frente Amplio«

Am 1. März 2005 wurde José Mujica von Staatspräsident Tabaré Vázquez zum Minister für Landwirtschaft, Tierzucht und Fischerei ernannt. Sein Staatssekretär wurde der Agrarwissenschaftler Ernesto Agazzi. Mujica sagte dazu: »Der eigentliche Minister ist Agazzi.« In der Tat war Mujicas Rolle in der Regierungsmannschaft vergleichbar mit der Rolle eines politischen Mittlers und Meinungsführers, der einen völlig neuen und ungewöhnlichen Stil in der Kommunikation mit der Bevölkerung einführte. Insbesondere fiel er durch seine originelle Ausdrucksweise, seine überraschenden Kommentare und seine »Fehltritte«

auf. Die Bürger bewunderten seine Ehrlichkeit, obwohl sich auch einige über den Mangel der für einen Minister üblichen Professionalität mokierten.

Am 3. März 2008 trat er als Minister zurück und überließ den Posten seinem Staatssekretär Agazzi; er nahm dann wieder seinen Posten im Senat ein. Daraufhin forderten sowohl die politischen als auch die öffentlichen Medien nachdrücklich, dass Mujica als Präsidentschaftskandidat nominiert werden sollte, obwohl Präsident Vázquez Danilo Astori bevorzugte.

Mujica ließ schon bald seine Absicht erkennen, zum Präsidentschaftskandidaten nominiert zu werden, indem er sich ihm bietende politische Gelegenheiten ergriff, wie zum Beispiel seinen Besuch bei den Kirchners in Argentinien. Der Besuch erregte große Aufmerksamkeit wegen der damaligen delikaten diplomatischen Situation zwischen beiden Ländern, als deren Regierungen einander noch ständig attackierten. Vor diesem Hintergrund trieb Mujica die Aussöhnung der beiden Nationen voran.

2008 bis 2009: Präsidentschaftsvorwahlen

Der außerordentliche Kongress der Frente Amplio mit der Bezeichnung »Zelmar Michelini« traf sich vom 13. bis 14. Dezember 2008. Nachdem das Regierungsprogramm für die nächste Legislaturperiode verabschiedet worden war, ernannte der Kongress Mujica zum offiziellen Kandidaten der Frente Amplio für die im Jahr 2009 stattfindenden internen Vorwahlen. Neben ihm bewarben sich noch vier weitere Kandidaten, von denen aber zwei später verzichteten. Somit verblieben nur noch Mujica, Astori und Carámbula.

Vor dem Wahlgang erhielt Mujica die Unterstützung der Kirchners; er plante sogar eine öffentliche Versammlung in dem argentinischen Mar del Plata, die er aber aufgrund von heftiger Kritik aus seiner eigenen Partei absagen musste. Am 24. Mai 2009 reichte er bei der MPP seinen Rücktritt von allen politischen Ämtern ein. Die Parteiführung akzeptierte seinen Rücktritt und auch seinen Wunsch, »zum Kandidaten aller Mitglieder der Frente Amplio« nominiert zu werden.

Am 28. Juni des Jahres wurde Mujica dann mit einer Mehrheit von 52,2 Prozent aller Stimmen zum alleinigen Präsidentschaftskandidaten der Frente Amplio gewählt und Astori zum Kandidaten für das Amt des Vizepräsidenten.

2009: Präsidentschaftskandidatur und Präsidentschaftswahlen

Im Laufe der Wahlkampagne veränderte Mujica sein Image, verzichtete auf seine ungezwungene Kleidung und trug bei manchen Gelegenheiten gar handgeschneiderte Anzüge, aber niemals eine Krawatte.

Als seine Regierungsmannschaft präsentierte er im Wahlkampf Milton Romani (Innenminister), Juan José Domínguez (Außenminister), Alma Chiodi (Gesundheit) und Carlos Barceló (Bildung).

Im September 2009 veröffentlichte der Journalist Alfredo García das Buch »Pepe Coloquios«. Das Buch versammelt mehrere Interviews mit Mujica sowie seine Ansichten, seine Ideen und seine Redewendungen. Das Buch wurde zwar kontrovers diskutiert, aber Mujica meinte dazu lediglich: »Ich mache genauso Fehler wie jeder andere auch.«

Am 25. Oktober 2009 errang Mujica bei den Präsidentschaftswahlen fast die Hälfte aller gültigen

Stimmen und gewann dann am 29. November die Stichwahl mit mehr als 52 Prozent der Stimmen. In seiner ersten Botschaft als neuer Präsident forderte Mujica noch in der gleichen Nacht alle Bürger dazu auf, den Kampf gegen Vorurteile aufzunehmen.

2009: Amtsübernahme

Am 10. März 2010 legte Mujica im Präsidentenpalast gegenüber seiner Ehefrau Lucia Topolansky, die Vorsitzende des Kongresses war, den Amtseid ab. Der Zeremonie wohnten Persönlichkeiten aller uruguayischen Parteien bei genauso wie Vertreter anderer Länder, darunter Hilary Clinton, Christina Fernández, Néstor Kirchner, Rafael Correa, Hugo Chavez und viele andere. Mujica hielt eine viel beachtete Ansprache; darin sprach er über seine Guerilla-Vergangenheit, seine Ideale und seinen langen Weg zur Präsidentschaft.

Die offizielle Amtsübernahme erfolgte – wie von Mujica ausdrücklich gewünscht – zweieinhalb Stunden später in einer Zeremonie unter freiem Himmel auf der »Plaza Indepencia«, dem Platz der Unabhängigkeit, dem wichtigsten Platz des Landes. Dort schwor Mujica seinen Amtseid noch einmal öffentlich vor einem großen Publikum, darunter auch alle zukünftigen Minister und der scheidende Präsident Tabaré Vázquez, der ihm auch die Präsidentenschärpe umhängte.

Mujica und seine Frau leben seit Jahrzehnten sehr bescheiden auf einem Bauernhof in Rincón del Cerro, wo sie für ihren Lebensunterhalt Blumen züchten. Als Mujica Staatspräsident wurde, entschied das Paar, weiterhin in seinem bescheidenen Haus statt im Präsidentenpalast zu leben.